见识城邦

更新知识地图　拓展认知边界

Transparenzgesellschaft

Byung-Chul Han

透明社会

[德] 韩炳哲 著　　吴琼 译

中信出版集团 | 北京

图书在版编目（CIP）数据

透明社会 /（德）韩炳哲著；吴琼译 . -- 北京 : 中信出版社 , 2019.10（2025.8 重印）
ISBN 978-7-5217-1057-1

Ⅰ . ①透… Ⅱ . ①韩…②吴… Ⅲ . ①社会批判论－研究Ⅳ . ① C91

中国版本图书馆 CIP 数据核字 (2019) 第 208894 号

透明社会

著　　者：［德］韩炳哲
译　　者：吴琼
出版发行：中信出版集团股份有限公司
（北京市朝阳区东三环北路 27 号嘉铭中心　邮编　100020）
承 印 者：北京通州皇家印刷厂

开　　本：787mm × 1092mm　1/32　　印　　张：3.25　　字　　数：60 千字
版　　次：2019 年 10 月第 1 版　　印　　次：2025 年 8 月第11次印刷
京权图字：01－2019－2520
书　　号：ISBN 978－7－5217－1057－1
定　　价：35.00 元

我是凭借不为他人所知的那部分自己而活着。

——彼得·汉德克[1]

目　录

肯定社会

当代公共话语中没有哪个词比“透明”（Transparenz）更高高在上，地位超然。人们对它孜孜以求，这首先与信息自由息息相关。对“透明”无所不在的需求愈演愈烈，甚至让它登上神坛，一统天下。这种需求归因于一种超越了政治和经济范畴的范式转变。如今，人们为了获得肯定性（Positivität），不断消除否定性（Negativität），否定社会让位于肯定社会。因此，透明社会首先就表现为一个肯定社会。

当事物退去所有否定性，当它们被压扁、抹平，当它们毫不抵抗地融入资本、交际与信息的顺流之中，事物就成了透明的。当行为变得可操作，当它们屈身于可计算、可调节、可控制的过程，行为就成了透明的。当时间被抹平为一个个按次序排列的、可供人使用的现在，时间就成了透明的。如此一来，未来也就被肯定化了，成为被优化的现在。透明的时间是没有命运也没有事件的时间。当图片脱离所有的剧本撰写、舞蹈编排、布景设计，脱离所有解释学上的深度，脱离了意义，流于色情（pornografisch），图片就成了透明的。色情作品是图片和眼睛的直接接触。当事物放弃其独特性，用价格来表达自己，那么事物也就成了透明的。金钱让一切都可以相互比较，它消除了事物所有的不可通约性（Inkommensurabilität）和所有独特性。透明社会是一座同质化的地狱。

仅仅把“透明”和营私舞弊以及信息自由联系起来的人，实在是低估了它的影响力。“透明”是一种系统性的强制行为，它席卷所有社会进程，并使之发生深刻的变化。如今的社会体系为了加速其各方面进程，使它们变得可操作，便迫使它们追求“透明”。

这种“加速”的压力伴随着对否定性的逐渐消除。在同者相互应答、形成链式反应之时，交际速度达到峰值。他性（Andersheit）与陌生性（Fremdheit）之否定性，或者说他者的抵抗，干扰并延缓了同者之间顺畅的交际。“透明”将他者或陌生者排除在外，以此来稳固系统，并加速其运转。这一系统性强制行为使透明社会成为一个一体化的社会。其中包藏着极权属性：“一体化（Gleichschaltung）[1]的新说法——透明。”[2]

透明的语言是一种形式化的、纯机械的、可操作的语言，它没有任何矛盾情绪。威廉·冯·洪堡（Wilhelm von Humboldt）就曾指出人类语言中所蕴含的根本的不透明性：“运用语言时，一个人的所思所想不可能和另外一个人完全一致，一个极其微小的差异会像水中的涟漪一般，在整个语言中荡漾开来。因此，所有的理解同时又始终是不理解，思想和情感上

1 Gleichschaltung 尤作纳粹用语，意为（强迫组织、机构、人的思想等）一体化，强制一致。——译者注（本书脚注均为译者注）

的所有一致同时也是一种分歧。”[3]假如这世界仅由信息构成，信息的顺畅流通就可称之为交际的话，那么这世界无异于一台机器。肯定社会被“信息的透明与淫秽（Obszönität）”所统治，“那里不再有事件发生”[4]。对“透明”的强制追求将人类本身降格为系统中的一个功能组件。“透明”的暴力就在于此。

人类的灵魂显然需要这样的空间，在那里没有他者的目光，它可以自在存在（bei sich sein）。它身上有一种不可穿透性（Impermeabilität）。完全的照明会灼伤它，引起某种精神上的倦态。只有机器才是透明的。从根本上构成生命的是自发性、事件性和自由，它们不容许“透明”的存在。洪堡也曾对语言有过这样的论述：“在人身上会萌生某种东西，任何理智都无法在先前的状态中找到其缘由；如果人们企图排除这种无从解释之现象存在的可能性，那么人们就……恰恰歪曲了语言产生和变化的历史事实。”[5]

“后隐私”（Post-Privacy）思想同样也十分天真。

它以追求“透明”为由，要求人们彻底放弃私人空间，这会导致一种透明的交际。这一思想错漏百出。一个人甚至对他自己来说都不是透明的。按照弗洛伊德的说法，“我”（Ich）恰恰会去否认那些被无意识的东西大大肯定、殷殷渴求之物。“它”（es）对于“我”来说始终处于极度隐匿的状态。因此，一道裂隙（Riss）便贯穿人类的心灵，致使“我”无法与自己达成一致。这道深深的裂隙消除了自我透明的可能性。人与人之间也有裂隙。因此，人际的透明是不可能实现的。当然，它也并不是什么值得向往的东西。正是他者身上所缺少的透明性才维持了关系的鲜活度。格奥尔格·西美尔（Georg Simmel）写道：“仅仅绝对的认识即心理学上已经充分利用这个事实，就足以令我们清醒起来，使关系的生动活泼陷于瘫痪……关系的富有成果的深刻，会预感和尊重在任何已经显露出来的最后的东西的背后，还有一种最最后面的东西……只不过是那种柔情万端和自我克制的报偿，柔情和自我克制在最密切的、包括整个人的关系里，还尊重内心的个人财富，通过保密的权利来限制提问的权利。”1 [6] 对“透明”的强制追求恰恰缺少这份“柔情”，这“柔情”就是对那不可完全被消除的他性的尊重。当今社会中，到处洋溢着对“透明”的热情，而人们的当务之急是培养一下对距离的热情。距离和羞耻心无法被纳入资本、信息及交际的高速循环。因此，人们便以“透明”的名义，消除了所有谨慎的回旋余地。它们被照得通亮，被剥夺殆尽。世界也因此变得更加无耻、更加赤裸。

一个人的自主是以他拥有不理解另一个人的自由为前提的。理查德·桑内特（Richard Sennett）评论道：“自主并非一种基于理解的、透明的平等，而是指人们接受其他人身上他所不理解的部分，这是一种不透明的平等。”[7] 此外，透明的关系是一种死亡的关系，它没有一丝一毫的魅力和活力。只有死亡之物是完全

---

1 译文引自格奥尔格·西美尔：《社会学：关于社会化形式的研究》，林荣远译，华夏出版社，2002 年，第 258—259 页。

透明的。对“透明”的强制追求确确实实正在摧毁那些肯定的、富于生产力的人类存在与共在空间，如能承认这一点，便可称得上是一场新的启蒙运动了。尼采也写道：“新启蒙运动……认识到人类和动物的无知（Unwissenheit）是不够的；你还必须去拥有、去学习无知意志（der Wille zur Unwissenheit）。你必须明白，没有这种无知，生命本身就会成为不可能，只有以它为前提，有生命之物才能独立地维持自己，才能枝繁叶茂。”[8]

事实证明，更多的信息未必能导致更好的决策。[9]比如直觉（Intuition）就强于那些可用的信息，它遵循自己的逻辑。如今，随着信息量的增加，或者说滋长，更高的判断能力却渐渐枯萎。很多时候，“较少”的知识和信息所能带来的却“更多”。疏漏和遗忘的否定性，其功效也不遑多让。透明社会容不下任何信息和视觉的缺口（Lücke）。然而，无论思想还是灵感都需要空隙。另外，“幸运”（Glück）这个词就是由

Lücke构成的。在中古高地德语（Mittelhochdeutsch）[1]中“幸运”一词仍写成gelücke。因此，不再容纳缺口之否定性的社会，将会是一个不幸的社会。没有视觉缺口的爱情只是色情，而没有知识缺口的思想就沦为计算。

肯定社会不仅告别了辩证法，也告别了解释学（Hermeneutik）。辩证法以否定性为基础。因此，黑格尔的“精神”（Geist）没有回避否定，而是承受着它，并在否定之中维持着自己。否定性滋养着“精神的生命”。自我中的他者会引发一种否定张力，维持精神的生命活力。按照黑格尔的说法，只有当“精神直面否定者，并在那里栖居”，它才是那种“力量”[10]。这种栖息是“使否定者回归存在的魔力”。与此相反，仅仅在肯定者之间来回转换频道的人是没有精神的。“精神”动作缓慢，因为它在否定者身边栖居并钻研。透明的体系为了加速而消除所有否定性。在否定者身

1　广义上是指1050—1350年间的德语形式，它由古高地德语演变而来，后来演变成早期新高地德语。

边栖居让位于在肯定者中飞奔。

肯定社会也不容许否定的情感存在。因此，一个人失去了处理苦难（Leiden）和疼痛（Schmerz）的能力，无法赋予它们形式。对于尼采来说，人类灵魂的深刻、壮丽和坚强恰恰要感谢在否定者身边的栖息。人类的精神也是“疼痛”的产物：“灵魂在不幸中的张力，培育出它的坚强……它在承受、忍耐、解读和利用不幸方面的创造性和勇气，以及它从深刻、秘密、面具、精神、诡计、伟大那里获赠的东西，难道不是通过苦难，通过孕育巨大的苦难而获得的吗？”[1] [11] 肯定社会正以一种全新的方式组织人类的精神。在肯定化的过程中，甚至爱也变得肤浅，成为由愉快的情感和复杂且无结果的刺激构成的活动。阿兰·巴迪欧（Alain Badiou）在《歌颂爱情》中点出征婚交友网站 Meetic 的广告语：“人们可以恋爱，而不沉迷于爱！”（*Sans tomber*

1　译文参见尼采：《善恶之彼岸：未来的一个哲学序曲》，程志民译，华夏出版社，1999 年，第 142 页。

amoureux！）或者："恋爱而不受其苦是很容易的！"[12]爱被驯化、被肯定化，成为消费和舒适的公式。即使是最轻微的伤害也必须避免。苦难和激情是否定的形象。一方面，它们让位于没有任何否定性的享乐。另一方面，它们的位置已经被诸如疲惫、倦怠和抑郁等心理障碍所取代——所有这些都可归因于过度的肯定性。

深刻的理论也是否定性的一种表现。它是一种决定，决定了什么属于该范畴，而什么不属于。作为一种高度选择性的叙事（Narration）模式，它打造出一条用以区分事物的路径。基于这种否定性，我们可以说，理论是暴力的。它的产生"就是为了阻止事物和概念不加区分地接触"，并且"令已然混淆的重新区隔开来"1 [13]。若没有"区分"的否定性，事物势必会蔓延滋长、彼此混杂。在这一点上，理论和典礼非常接近，它将启蒙的和懵懂的区分开来。人们错误地

1 译文引自让·鲍德里亚：《致命的策略》，刘翔、戴阿宝译，南京大学出版社，2015 年，第 258 页。

认为，大量肯定性的数据和信息——如今的数据和信息量已大得惊人——使理论变得多余，也就是说，比较数据可以取代使用模型。作为否定性而存在的理论位于肯定性的数据和信息之前，也位于模型之前。理论的终结已近在眼前，而以数据为基础的肯定科学并非导致理论终结的原因，确切地说，它更像是它的结果。理论不可轻易被肯定科学所取代。后者缺乏决定之否定性，而正是否定性决定了“什么是”或“必须是什么”。作为否定性而存在的理论总能让现实本身以别样的方式、在另一种光芒中现相。

政治是一种策略行为，单单这一点就决定了它势必会有一个秘密空间。完全透明却使其陷入瘫痪。卡尔·施米特（Carl Schmitt）曾写道：“所有政治都是有机密（Arcana）的，事实上，对于专制主义来说，这些政治—技术秘密同样不可或缺，比如以私有财产和竞争为基础的经济生活领域中的商业及企业秘密。然而，对公共性的要求在这一观点中遭遇其特定的对手。”[14] 只有“剧场政治”（Politik als Theatrokratie）才能在没有秘密的情况下照常运行。政治行为让位于纯粹的舞台演出。施米特认为，“帕帕杰诺们的观众”（Parkett von Papagenos）[1] 使机密消失：“18世纪把赌注押在自信心和贵族式的‘机密’概念上。在一个不再有这种勇气的社会里，就再也不可能有什么‘机密’、等级秩序和秘密外交。事实上，政治已经不复存在。‘机密’是一切重大政治的组成要素。一切事情都发生在舞台上（发生在帕帕杰诺们的观众面前）。”[2] [15] 由此可见，秘密的终结将是政治的终结。因此，关于政治，施米特所要求的更多是“敢于保密”[16]。

作为透明之党的海盗党（Piraten-Partei）正在进一步走向后政治（Post-Politik），即“去政治化”。这是一个非党之党，一个没有颜色的政党。“透明”是无

1 帕帕杰诺是歌剧《魔笛》中一个角色名，作者用帕帕杰诺这个在舞台上进行夸张表演的人物喻指“剧场政治”下的政客。

2 译文引自《施米特文集·政治的神学：罗马天主教与政治形式》，刘锋译，上海人民出版社，2014年，第112页。

色的。在那里，颜色不能代表意识形态，只能代表无意识形态的意见。意见是没有结果的。它们既不全面，也不像意识形态那样深刻。它们缺乏令人信服的否定性。因此，如今的意见社会（Meinungsgesellschaft）将早已存在的东西原封不动地保留下来。“液态民主”（Liquid Democracy）[1]的灵活性体现在根据环境来改变颜色。海盗党是一个无色的意见党派。政治让位于对社会需求的管理，同时保持社会经济关系框架不变，并依附于它们。作为非党之党，海盗党无法明确地表达政治意愿或产生新的社会坐标。

强制“透明”能够最有效地稳定现有系统。“透明”本身是肯定性的。它不具备任何可以从根本上质疑政治经济体系的否定性。它对系统之外的事物视而不见。它只确认和优化已经存在的东西。正因为如此，肯定社会与后政治时代携手共进。只有非政治化的空间才是完全

1 也称“流动性民主”或“委任式民主”，指选民可以赋予代表投票权，而不是直接投票，是一种介于直接民主和代议制民主之间的民主形式。

透明的。没有参照的政治沦为全民公投（Referendum）。

肯定社会的普遍评判方式是“点赞”。脸书（Facebook）一直拒绝引入“拍砖”按钮（Dislike-Button），这十分耐人寻味。肯定社会避免一切形式的否定性，因为否定性会造成交际停滞。交际的价值仅仅根据信息量和交换速度来衡量。大规模的交际也增加了它的经济价值。否定的评判会妨碍交际。“点赞”比“拍砖”更快地促成接下来的深入交流。最重要的是，“拒绝”的否定性无法为人们牟利。

“透明”和真理（Wahrheit）不同。当真理施然落座，说一不二，宣称除自己外其他一切皆为谬误，它便呈现出否定性。更多的信息或信息的简单累积都不能产生真理。它缺乏方向，也就是知觉。正是因为缺乏真理的否定性，肯定性才得以滋长，并变得大众化。超信息和超交际恰恰坐实了真实的缺失，即存在的缺失。更多的信息和更多的交际并不能消除“整体”本质上的模糊，反而使它模糊得更加厉害了。

展示社会

按照瓦尔特·本雅明（Walter Benjamin）的说法，对于“为巫术服务”之物来说，“更重要的并不是它被观照着，而是它存在着”[1][17]。其“膜拜价值”（Kultwert）取决于存在，而非展览。把神圣的物品锁在不能进入的房间里，从而把它们从“可见”中抽离出来，这种做法提高了它们的膜拜价值。例如，某些圣母像几乎全年藏身于帘幕之后。只有神职人员可以接近某些神像。隔离（secret, secretus）、划界及封锁的否定性是膜拜价值的根本。在肯定社会里，万物

1　译文引自本雅明：《机械复制时代的艺术作品》，王才勇译，中国城市出版社，2001年，第19页。

都变成了商品，它们必须被展示才能存在，为获得展示价值（Ausstellungswert）而丧失其膜拜价值。就展示价值而言，单纯的存在是毫无意义的。一切寂静无声、寂然不动之物都不再有价值了。物只有被观照时，才会增值。把一切交给“可见”的强制展示使得光芒（Aura）——“遥远的现象”（Erscheinung einer Ferne）——完全消失了。展示价值是资本主义得以实现的标志，不能从马克思的使用价值和交换价值的对立中得到体现。它不是使用价值，因为它脱离了效用范围。它也不是交换价值，因为它不反映任何劳动力。它的存在仅仅是因为它产生的关注。

一方面，本雅明指出，摄影的展示价值全线压制着膜拜价值。另一方面，他注意到，膜拜价值并非毫不抵抗地遁逃，相反，它拉起最后一道防线，这道防线就是“人像”（Menschenantlitz）。因此，在早期摄影中，肖像作品并非偶然占据了中心地位。在“对遥远的或已消逝的爱进行缅怀的膜拜”中，画像的膜拜价值找到了其“最后的避难所”[1] [18]。早期摄影作品里，“人像脸上短暂的表情”中，光芒最后一次显现，这便是那“忧郁的、无与伦比的美”。可是，当人像在摄影中消失之时，展示价值便首次超越了膜拜价值。

如今，具有膜拜价值的“人像”早已从摄影中消失。Facebook 和 Photoshop 的时代把“人像”变成一张完全服务于展示价值的脸（face）。脸是一张展示性面孔，失去了所有“目光的光芒”（Aura des Blicks）。[19] 它是“人像”的商品形式。作为一层表面（surface），脸比任何一张面孔都更为透明，对伊曼努尔·列维纳斯（Emmanuel Lévinas）来说，脸是一处绝佳场所，他者的超越性在这里功亏一篑。透明与超越是对立的。这张脸也栖身于同者之内。

数码摄影消除了所有否定性。它既不需要暗室也

1 译文引自本雅明：《机械复制时代的艺术作品》，第 23 页。

不需要显影。它的前面没有“负”（Negativ）这个字。[1] 它是纯粹的“正”（Positiv）。生成、衰老和死亡都被抹去了：“它（照片）不仅和纸（要消亡的）共命运，而且，即使已经固定在了一个结实得多的载体上，也还是要消失的：就像一个活的机体，照片直接从会生长的银颗粒中出生，充分成长一阵以后，接着就老了。受光线和潮湿的侵蚀，照片泛黄，变得疲乏不堪，影像消失……”[2] [20] 罗兰·巴特将摄影与一种生活方式联系起来，在这种生活方式中，时间的否定性至关重要。尽管如此，在这种情况下，它仍然与它的技术前提和它的模拟性质联系在一起。数字摄影是一种完全不同的生活方式的必然结果，这种生活方式越来越多

1 负片（Negative Film）是经曝光和显影加工后得到的影像，其明暗与被摄体相反，其色彩则为被摄体的补色，它需经印放在照片上才还原为正像。负片不论是黑白或彩色均是摄影最常用的胶片。我们平常所说的用来冲洗照片的底片就是负片。

2 译文引自罗兰·巴特：《明室——摄影纵横谈》，赵克菲译，文化艺术出版社，2002 年，第 146—147 页。

地摆脱了否定性。它是透明的摄影：没有生与死，没有命运与事件。命运不是透明的。透明摄影缺乏语义和时间密度。这就是为什么它一言未发。

对于巴特来说，“事情就是这样”这一时代内涵代表了摄影的本质。这张照片证明了这一切。因此，哀悼（Trauer）构成了它的基本情绪。巴特认为日期是照片的组成部分，“因为日期会使人抬起头来思索，会让人去推算照片上人的生与死，一代一代人不可避免地灭亡”[1] [21]。这个日期刻着死亡和转瞬即逝。针对一张安德烈·科特兹（André Kertész）的照片，巴特写道：“科特兹于1931年拍摄的埃内斯特，当时还是个中学生，可能他今天还活着（但是，他现在在什么地方？生活得怎么样？这是多么了不起的小说啊！）。”[2] [22] 如今充满展示价值的摄影则表现出另外

1 译文引自罗兰·巴特：《明室——摄影纵横谈》，赵克菲译，文化艺术出版社，2002年，第132页。

2 同上。

一种时间性。它是由缺乏否定性的当下所决定的，因此它不允许有叙事张力和“小说”的戏剧性。它的表达毫无浪漫可言。

在展示社会中，每一个主体都是自己的广告对象。一切都是以它的展示价值来衡量的。展示社会是一个色情社会。所有的东西都被向外翻开、被揭去遮蔽、被夺走掩护、被剥掉衣服、被曝光。过度的展示将一切变成商品，“没有丝毫秘密，转瞬即被吞噬”的商品。[23] 资本主义经济使一切服从于强制性展示。仅仅是展示的阶段就产生了价值，事物的所有自我成长力（Eigenwüchsigkeit）都被抛弃了。它们并不是消失于黑暗，而是消失于过度照明：“更为普遍的是，可见之物并未在模糊和沉默中终结——相反，它们消失于比可见更可见：淫荡。”[1] [24]

色情作品不仅破坏爱欲（Eros），还破坏性

1 译文引自让·鲍德里亚：《致命的策略》，第 9 页。

（Sex）。色情展示引发性爱乐趣（Lust）的异化。它使人无法去体验“性趣”。“性”瓦解为女性的欲望展现和男性的功能表演。被展示出来的、如表演一般的乐趣已非乐趣。强制展示导致身体本身的异化。身体被物化为有待优化的展示客体。栖居在这样的身体里是不可能的。人们急着去展示它，并由此对它进行剥削。展示即为剥削。展示命令破坏栖居（Wohnen）本身。如果世界变成一个陈列室，便不可能供人栖居了。栖居让位于有助于提高注意力资本的广告。栖居最初的意思是“满足、和平、居留”[25]。长期的强制展示和强制做功威胁着这种和平。海德格尔意义上的“物”也彻底消失了。它是不能被展示的，因为它完全由膜拜价值组成。

超可见性（Hypervisibilität）是淫秽的，它缺乏隐匿之物、不可触及之物以及秘密的否定性。流畅的超交际流也是淫秽的，超交际不受困于他性的否定因素。同样淫秽的还有强制将一切交付给交际和可见性，以及将身体和灵魂展示、表演给人看的色情作品。

展示价值首先取决于漂亮的外观。通过这种方式，强迫性展示产生了追求美和健康的冲动。整容手术的目标是追求展示价值的最大化。今天的偶像明星们传播的不是内在价值，而是外在的标准——人们不惜采用极端手段也要拼命去贴合的标准。展示命令导致了可见之物和外观的绝对化。不可见之物不复存在，只因它没有展示价值，无法吸引眼球。

强制展示对可见之物极尽剥削。闪闪发光的表面以其自身的方式透明着。人们对它不再有探寻之心。它没有解释学上的深度结构。这张脸也已变成一张透明的面孔，努力追求着展示价值的最大化。强制展示剥夺了我们最后一点真实面容。它不可能再维持自己的样子。展示价值的绝对化表现为视觉的暴政。图片数量的增加并不是问题，对成为图片的强制才是。一切都必须可见。对“透明”的强制追求将一切不服从可见性之事物视为可疑。这就是它的暴力。

如今的可视化交际通过传染、发泄或反射的方式发生着。它缺乏所有的审美映像。它的美感最终是麻醉剂。例如，用“我喜欢”（I like）来表达的鉴赏结果不需要长时间的观察。充满展示价值的图片没有复杂之处。它们是明确的，即色情的。它们缺乏能够引发映像、审视和思考的不完整性。复杂性会减缓交际速度。麻痹状态的过度交际减少了复杂性，以加快速度。它比感官交流要快得多。感官是迟缓的。它阻碍了信息和交际的高速循环。因此，透明是没有感官的。大量的信息和交际来源于“空白恐惧”（Horror vacui）[1]。

透明社会将所有距离视为亟待消除的否定性。距离是加速交际和资本循环的障碍。由于其自身的内在逻辑，透明社会排除各种形式的距离。最终，“透明”

---

1 原义为“真空恐惧”，最早是由亚里士多德提出的物理学概念，他认为空间必须是一个物质的连续体，自然界到处是充实而非真空。后被引入艺术领域，用来描述那种急欲借助各种装饰性元素填充所有可用空间的艺术风格。

成为“一团混乱之物，目光和它所见之物混杂在一起”，即“卖淫”。[26] 事物和图片无时无刻不在眼前。距离的缺失使感知变为触觉的、探察式的。触觉是指没有物理性的接触，“眼睛和图片的直接碰撞”[27]。没有了距离，也就不可能有审美意义上的注视，不可能有栖息。触觉感知是目光之审美距离的终结，实际上，也就是目光的终结。无距离并不意味着切近，相反，它摧毁了切近。切近是富于空间性的，而无距离恰恰摧毁了空间。切近被刻写在遥远之中。因此，它是远的。海德格尔也谈及一种“纯粹的、承受着遥远的切近”[28]。然而，这“遥远的切近之痛”[29] 却是一种亟待消除的否定性。“透明”消弭了“远”，将一切变为千篇一律的、既不近也不远的无差别物。

证据社会

透明社会是一个敌视性爱乐趣的社会。在人类的“性”趣经济中，乐趣与透明互不相容。透明对于力比多经济（libidinöse Ökonomie），即“性经济”来说是陌生的。恰恰是秘密、面纱和遮遮掩掩的否定性激发了欲望，使“性”趣更加强烈。这正是引诱者喜欢耍弄面具、幻象和外表的原因。对透明的强制追求摧毁了“性”趣的游戏空间。证据（Evidenz）不容许诱惑存在，而只容许程序存在。引诱者所行之路是绕弯的、分叉的、交织着的。他还会运用一些模棱两可的符号：“诱惑往往使用模棱两可的代码，这使得西方文化中的典型引诱者成为某种形式的道德自由之典范。引诱者运用模棱两可的语言，因为他们觉得自己不受严肃性、对称性之标准的束缚。与此相反，‘政治正确’的实践活动则需要追求透明，摒弃模棱两可，以便最大限度地保障契约式的自由和平等，并以此去除诱惑头顶上那传统的辞藻和情感意义上的光环。”[30]玩弄模棱两可和矛盾心理，玩弄秘密和谜题，会提高情欲的张力。透明或直率，也就是说色情作品，将是爱欲的终结。如此说来，现如今的透明社会同时也是一个色情社会，就绝非偶然了。“后隐私”实践以追求透明为由要求一种无限制的相互揭露，这对于性爱乐趣来说也有百害而无一利。

按照西美尔的说法，我们“天生就是如此，我们不仅……需要一定比例的真理和谬误来作为我们生活的基础，而且在我们关于生活要素的观念里，也需要有一定比例的明确和模糊”[31]。“透明”则剥夺了事物所有的“吸引力”（Reiz），“禁止幻想将其种种可能性编织进来，这样的损失，没有任何现实能给予我们补偿，因为这是一种自主活动（Selbsttätigkeit），无法长期被感受和享受所取代”。接下来西美尔还继续说道：“即使是我们最亲近的人，其中一部分也不得不采取模糊不清或者不甚直观的方式来呈现自己，以求在我们面前保持较强的吸引力。”[32]对于“性”趣经济来说，幻想至关重要。不加遮掩、毫无保留地将自己呈现出来的对象，会浇灭情欲之火。只有回撤的、退隐的对象才能将其点燃。使性爱乐趣更为强烈的并非实时的享受，而是富于想象的前奏和余韵，是时间上的推延。容不下想象中的、叙事般的辗转迂回，这般直截了当的享受不过是色情而已。媒体图片那种超真实的过度聚焦和过度清晰，致使幻想瘫痪、窒息。正如康德所说，想象力的基础是游戏（Spielen）。它以游戏空间为前提，在那里没有什么是被明确定义、清晰勾画的。它需要一点模糊不清，一点模棱两可。它对其自身是不透明的，而理智则以自我透明为标志。因此，理智也不参与游戏。它同明确的概念一起埋头工作。

在《来临中的共同体》中，吉奥乔·阿甘本（Giorgio Agamben）提到一个关于弥赛亚王国（Reich des Messias）的寓言故事，一天晚上，本雅明向恩斯特·布洛赫讲述了这个故事："一位拉比（Rabbi）[1]，一位真正的犹太教神秘哲学家曾经说过：为建立和平之国，无须摧毁一切事物，开启一个全新的世界，只需稍微移动一下这个杯子、那片灌木或那块石头，如此一来，一切事物就变动了。然而这小小的移动却殊为艰难，尺度也不易把握，因此，世界之事，人类是无能为力的，弥赛亚正是为此而来。"[33] 为建立和平之国，只需对一切事物稍做移动。如阿甘本所言，这些细微的变化并非发生于事物本身，而是在其"边缘"。变化赋予事物一层神秘的"光辉"（clarior）。

---

1 犹太人的一个特别阶层，老师、智者的象征，指接受过正规犹太教育，系统学习过《塔纳赫》《塔木德》等犹太教经典，担任犹太人社团或犹太教教会精神领袖，或在犹太经学院中传授犹太教教义的人，多为有学问的学者。

这“光晕”（Aureole）产生于边缘处的“颤动”和“闪烁”[34]。人们或可将阿甘本的思想延伸下去，这悄无声息的颤动使事物变得模模糊糊，自边缘起，将事物包裹在一层神秘的光辉之中。神圣之物（das Heilige）不是透明的。事实上，神秘的模糊属性才是它的特征。来临中的和平之国不会是透明社会。透明并非和平的状态。

不仅神圣的空间不透明，欲望的空间也不透明。它是“曲折的”；“接近对象 / 贵夫人（frouwe）[1]的唯一办法是间接地接近，走一条蜿蜒而迂回的路。”[35]作为典雅爱情（die höfische Liebe）中的欲望对象，贵夫人可以说是一个“黑洞”，欲望在黑洞四周堆积。雅克·拉康（Jacques Lacan）认为，欲望是“通过殊为独特的退隐之门、不可触及之门被引入的”[36]。他将其比作变形的图片中那些“难以辨认的形态”，图

1 frouwe 是中古高地德语中对已婚贵族妇女的称谓。

片的内容呈现出扭曲的、失真的样子。[37]换言之，它一点都不明显（evident，在拉丁语中，*videre* 意为“看”）。在拉康看来，典雅爱情是“失真的”[38]。从时间上来说，典雅爱情的对象也是失真的，因为只有“通过无休止的推延”才能触及对象。[39]拉康也用德语原文称其为“物”（das Ding），它的不可渗透性和隐蔽性使人们无法获得它的形象。它避开表象：“物中所包含的是真正的秘密。”[40]

透明是一种对称的状态。因此，透明社会力求消除一切不对称的关系。权力（Macht）也在此列。权力本身并不邪恶。在很多情况下，它都能促进生产，且卓有成效。它为社会的政治形态创造了一个自由的游戏空间。权力在产生性爱乐趣方面也扮演着重要角色。性经济遵循着一种权力经济的逻辑。当被问及“人类为何喜欢行使权力”时，福柯（Foucault）的回答指向了“性”趣经济（die Lustökonomie）。人与人之间的关系越自由，决定他人行为的兴趣就越大。游戏越开放，操控他人行为的花样越多，乐趣就越大。策略游戏多包含不透明性和不可预测性。权力也是一种策略游戏。因此，它在一个开放的空间中展开："权力就是：策略游戏。人们确实很清楚，权力并不邪恶。比如性关系或爱情关系：在一种开放的策略游戏中，事物可以逆转，对他人他物行使权力，这并非坏事，这是爱、激情及性爱乐趣的一部分。"[41]

尼采哲学中所追求的"永恒"的"性爱乐趣"开始于午夜时分。尼采会说，只要我们相信透明，我们就没有废除上帝。尼采反对侵扰性的目光，反对普遍可视化，他捍卫外表、面具、秘密、谜题、诡计（List）和游戏："任何深刻的东西都爱面具；最最深刻之物甚至憎恶形象和譬喻。……在某些爱的行为和过度慷慨的行为背后，没有什么比手执棍棒痛打目击者更可取的了……面具背后不仅有狡诈（Arglist）——诡计中还有如此多的善。……每一个深刻的精神都需要一张面具，甚至，每一个深刻的精神周围都有一张面具在不断生长。”[42] 在面具的保护下，深刻的精神得以形成。面具如保护膜一般在精神周围生长。它将同者隔绝在外，保护着全然他者、新生事物日渐繁茂。诡计并不等同于狡诈。相对于由绝对命令（der kategorische Imperativ）所引导的行为来说，它的效率更高，暴力程度却更低。尼采曾写道：“诡计胜于暴力。”[43] 诡计更具弹性，更为灵活，它环顾四周，便对每一种局面的潜力都了然于胸、极尽利用。绝对命令僵硬、无弹性，因此它是自我透明的，与它相比，诡计更能审时度势。暴力比诡计更接近真理。因此，它带来更多的“证据”。尼采所呼唤的一种更为自由的生活形态，在一个被照得通亮的监控社会中是不可能实现的。它的自由体现在既不能被坚持对称与平等的契约思想所决定，也不能被交换经济所决定。

秘密和黑暗常常散发魅力。按照奥古斯丁（Augustinus）的说法，上帝使用比喻，刻意让《圣经》隐晦不明，以激发人们更多的兴趣：“因此，这些事物仿佛被一层比喻的外衣所覆盖，目的是为了训练虔诚的探索者的理解力，也为了不让它们因毫不遮掩（*nuda*）、直白袒露（*prompta*）的呈现方式而显得一文不值。虽然我们也看到，人们在其他地方论及这些事物时说得直接而明白（*manifeste*），但同样是这些事物，若把它们隐藏起来，再挖掘出来，它们便焕然一新，散发出新鲜的甜美（*dulcescunt*）。倒不是它们对学习者吝啬，故意以这些方式遮遮掩掩（*obscurantur*），而是以此更加突出自己，可以说是以退为进，越是如此，就越能激起人追求的热情，心愿得偿时所体验到的快乐也就越大。”[1][44] 比喻的外衣使辞藻情欲化，将其提升为欲望的客体。当辞藻披上比喻的外衣，便散发出诱惑力。“隐藏”的否定性将解释学转化为情欲。发现和破译的过程堪称一场充满乐趣的揭秘。相反，信息是赤裸的。赤裸（Nudität）夺

1　译文参见奥古斯丁：《道德论集》，石敏敏译，生活 · 读书 · 新知三联书店，2009 年，第 233 页。

走了辞藻所有的吸引力，使它变得肤浅。“秘密”的魔法不是那种人们为追求透明要不惜一切代价去消灭的邪术。它是一种象征，一种特别的、能打造出“深度”的文化技巧——即使这“深度”可能只是表象。

色情社会

“透明”不是美好事物的媒介。在本雅明看来，美（Schönheit）的必要条件是遮掩与被遮掩之间密不可分的关联：“因为美的东西既不是遮掩物，也不是被遮掩物，而是在遮掩物覆盖下的物体。然而，当它被揭示，它就会证实自己是多么平淡无奇了。……如果遮掩物对某事物而言终究是至关重要的，那便不能用别的什么来指称它了。除了美的东西之外，其他任何事物都无法做到无论在遮掩还是被遮掩状态下都至关重要，因此，美的神性存在基础就在于秘密。”[45]当美必然与遮掩物及遮掩联系在一起时，它便是不可被揭示的。被遮掩物唯有被遮掩着才能维持其本来面目。去掉遮掩，它便消失无踪了。因此，世上并不存在赤裸的美：“在毫无遮掩的赤裸状态下，最本质的美已然遁形，当人类赤身裸体，便达到了超越一切美的存在，即崇高（das Erhabene）；达到了超越一切塑造物（Gebilde）的作品，即造物主（Schöpfer）的作品。”[46]美只能是一种形态或一个塑造物，而崇高则是无形无相的赤裸，不再拥有美的根本要素——秘密。崇高超越了美。然而，与生俱来的赤裸绝非色情。它恰恰是崇高的，它提示着我们：这是造物主的作品。康德也认为，当一个物体超越了表达与表象，它便是崇高的。崇高超越了想象力。

在基督教传统中，裸体（Nacktheit）有着一个“去不掉的神学标签”[47]。阿甘本认为，亚当和夏娃在犯下原罪之前并非赤裸着，因为他们身披“恩典之衣”“光明之衣”[48]。“罪”夺走了他们神圣的法衣。彻底裸露的他们不得不找东西遮蔽自己。因此，裸体就意味着失去了恩典之衣。阿甘本试图设想一种脱离了神学框架（das theologische Dispositiv）的裸体。他将本雅明理论中赤裸身体的崇高性延伸到色情作品中。他曾如此评价一个半裸的色情作品模特："微笑着展示自己的裸体，这样一张美丽面孔所表达的唯一内容就是：'你想知道我的秘密吗？你想揭开我的面纱吗？那好啊，看吧，如果你可以的话，好好看看我是多么彻底地、不可原谅地秘密全无啊！'……诚然，只有通过裸露来驱散美的魔力，只有对既无秘密也无意义的外表进行崇高而又可怜的展示，方能去除（裸体的）神学框架。……"[49] 进行色情展示的裸体肯定是"可怜的"，但却并不"崇高"。本雅明用美丽的外表来对抗没有任何展示价值的"崇高"。恰恰是"展示"摧毁了与生俱来的崇高。崇高产生膜拜价值。进行色情展示的面孔与观众"调情"[50]，这样的面孔也与崇高绝缘了。

阿甘本理论中框架与自由裸体的对立并非辩证的对立。把角色、面具、表情强加给面孔的框架固然是一种暴力，随便的、色情的裸体也是一种暴力。当身体（Körper）沦为肉体（Fleisch），它便不是崇高的，而是淫秽的。色情作品中的裸体与肉体之淫秽毗邻而居，正如阿甘本自己所说，这是暴力造成的：“因此，施虐者试图用尽一切手段让肉体显现，强迫他人的身体摆出那些淫荡的姿态和体位，将身体的淫秽——那无可挽回地失去了的优雅（Anmut）——曝于人前。”[51]

优雅首先成了阿甘本所说的色情裸体之牺牲品。有鉴于优雅（grâce）的神学渊源，阿甘本觉得它有些可疑，因为它与恩典（Gnade）毗邻而居。阿甘本援引萨特的观点，认为身体的优雅归功于目标明确的运动，这种运动使身体成为工具。然而，固定了用途的工具却注定与优雅无缘。毕竟，它直奔目标，雷厉风行。与此相反，优雅则栖身于一些或迂回或绕弯的事物之中。它以姿势和形态的自在游戏为前提，这游戏仿佛绕过了行为，又避开了目的经济。因此，优雅就在目标明确的行动和淫荡的裸体之间。阿甘本忽略了这种十分优雅的“之间”状态。自我展示也导致了优雅的消失。克莱斯特（Kleist）作品《论木偶戏》中的少年，正是在面对镜子展示自己的动作时，失去了他的优雅。在这里，镜子所发挥的作用与阿甘本所说的色情片女星面前的对象别无二致，她大胆地望着面前的对象，目光轻佻，这副表情只能表达一件事——她将自己当作展品。[52]

阿甘本认为，“展示”是让脱离了神学框架的裸体显露出来的绝佳机会，通过展示，裸体以“被亵渎”（profaniert）之姿提供了一种新的用途。被如此展示出来的、没有任何秘密可言的面孔，所能呈现的无非就是“呈现”（das Vorzeigen）本身。它不隐藏什么，也不表达什么。它几近透明。阿甘本在其中看到了一种别样的吸引力，一种“由纯粹的展示价值而来”的“特别的魔力”[53]。“展示”将面孔清空为一个预表达的场所（ein präexpressiver Ort）。阿甘本希望这种带有“清空”功能的展示实践能产生一种新的情色交际形式：“人们普遍都有这种经验：当一个女人发现自己被人注视着，她即刻就会变得面无表情。这种暴露于他人目光的意识创造了一种‘空’（Leere），其作用如同一种针对表达过程的威力强劲的溶解剂，而表达过程向来是使面孔生动、鲜活的原因。模特、色情片明星以及其他从事展示性工作的人必须首先学会这种厚颜无耻的无所谓态度：只呈现‘呈现’本身（也就是说，完全与媒体融为一体）。面孔以这种方式加载展示价值，直至满溢。然而，正是通过表达的丧失，情欲才得以挺进原本不可能发生之地，即人类的面孔……当它作为远离一切具体表现力的纯粹的介质被展示出来时，它便会提供一种新的用途，一种新的情色交际形式。”[54] 至少在这里我们要问一下，溢满展示价值的面孔是否真的能开启一种“新的、集体的性用途”，一种“新的情色交际形式”呢？阿甘本觉得，在这预表达的、脱离了所有神学标签的裸体之中隐藏着一种“渎神的潜质”（ein profanatorisches Potential），这种潜质却湮灭于“色情作品的装置”。然而，与阿甘本的设想相反，色情作品并非在事后才阻碍了性的新用途。那成为“裸体”之共犯的面孔已然是色情的了，它唯一的内涵就在于被展示性（Ausgestelltheit），即不知羞耻地展示裸体的意识。没有秘密的、透明的、徒留被展示性的赤裸面孔是淫秽的。溢满展示价值的脸无异于一幅色情作品。

阿甘本并没认识到，“被展示性”本身就已经是色情的了。资本主义将一切都当作商品来展示，将一切暴露在超可见性之下，这无疑加剧了社会的色情化。人们极力追求展示价值的最大化。对资本主义来说，性没有其他用途。阿甘本所呼吁的“集体的性用途”正是在色情作品的宣传图片中得到了实现。“个体的色情图片消费”并不能简单地“取代”新的、集体的性用途之承诺（Versprechen）。相反，个人和集体对色情图片的使用是相同的。

最重要的是，阿甘本忽略了情欲之物（das Erotische）与色情之物（das Pornografische）之间的本质区别。对裸体的直接展示无关情欲。身体的性感之处恰恰在于“衣衫开口的地方”，在于“两片衣料之间”（比如手套和袖口之间）“闪现”的肌肤，情欲的张力并非来自长时间地展示裸体，而是源于“一出名为‘忽隐忽现’的戏码”[55]。“中断”（Unterbrechung）的否定性赋予裸体一种光彩，而丝毫不加遮掩的裸体所包含的展示之肯定性则是色情的。它缺乏情欲之光。色情的身体是平滑的。没什么东西打断它。“中断”产生矛盾和歧义。这种语义的模糊充满情欲。此外，情欲以“秘密”和“隐藏”的否定性为前提。透明的情欲是不存在的。“秘密”之所以消失是为了达成彻底的展示和曝光，而色情作品正是始于秘密消失之时，它的特点就在于一种穿透性的、侵入式的肯定性。

阿甘本怀疑，每个秘密中都有需要人们去“亵渎”（profanieren）的神学标签。“亵渎”意味着要创造一种没有秘密的美，一种“超越了恩典之威严和堕落的本性之诱惑”的赤裸：“在不可解释的遮掩物背后，并未隐藏任何秘密：它将自己完全曝露于人前，证实了自己是纯粹的表象。……从这个意义上讲，‘裸体’的数元（Mathem）简单来说就是：‘仅此而已！’（*haecce*！）”[56] 然而，情欲却没有数元，情欲回避了 *haecce*，“仅此而已”这种没有秘密的证据是色情的。情欲没有明确的指示。性暗示不具备指示性。鲍德里亚曾经说过，性诱惑的把戏就在于，“心知肚明有些东西对于对方来说将永远是个秘密，在于对方身上那些我永远也无法知晓但仍吸引着我的事情”[57]。然而，色情作品既不吸引我，也不暗示我，它是传染性的、刺激性的。它缺乏可能产生诱惑的距离。性吸引力离不开“退隐”的否定性。

罗兰·巴特界定了摄影的两大要素。第一要素他称之为研点（*studium*）[1]。它指的是由有待研究的信息构成的延展领域，“有着漫不经心的欲望、多变的兴趣、前后不一致的趣味之领域：我喜欢/我不喜欢（I like/I don't）”[2][58]。它属于“喜欢”而不是“热爱”的范畴。它的判断形式就是：我喜欢它/我不喜欢它。它缺乏热烈或者激情。第二要素刺点（*punctum*）则突破了研点。它所引起的并非好感，而是伤害、情绪和关切。单向的照片（einförmige Fotografien）没有刺点。它们只是研究的对象：“新闻报道的照片常常就是些单向的照片（单向的照片不一定就温和）。在这样的照片里，没有‘刺点’：有冲击（Schock）——字面上看是能伤人的——但却没有关切；它们或许可以

1 *studium* 和下文的 *punctum* 皆为拉丁语，前者有研究、专注于某事、文化、教育等多重含义，后者意为刺伤、小孔、小斑点、小伤口等。罗兰·巴特在《明室——摄影纵横谈》中用这两个单词来表达他对构图规则的见解：*studium* 指照片所传达的大致信息，引起观者的一般兴趣；*punctum* 则是照片中刺痛观者的“点”，引起较强烈的情感。

2 译文参见罗兰·巴特：《明室——摄影纵横谈》，第 42 页。

‘呐喊’，但却无法造成伤害。这些新闻报道的照片被接受了（一下子就被接受了），仅此而已。”1 [59] 刺点打断了信息的连续性。它表现为一道裂隙、一处破损。它构成了一个强度和密度最大的地方，蕴含着一些难以定义的东西。它没有任何“透明”和“证据”，而这些正是研点的特征：“不能说出名字，是一个十分明显的慌乱的征兆。……效果是肯定的，但是，产生效果的地方却难以定位，这效果没有标记，无以名之；然而这效果很锋利，并且落在了我身上的某个地方……”2 [60]

巴特将色情照片也归为单向照片之列。它们平滑而透明，无任何破损，也没有任何二元性（Ambiguität）。裂隙和内部的不完整性则恰恰是情欲的标志。它既不平滑，也不透明。情色照片是“被打断了的、有裂隙的”图片 [61]，而在色情照片中，一切都被向外翻

1 译文参见罗兰·巴特：《明室——摄影纵横谈》，第 65 页。

2 译文引自上书，第 82—83 页。

开、被曝光。色情作品没有内在、隐藏和秘密："它就像一面橱窗，灯光照耀下只陈列着唯一一件珠宝，它倾尽全力只为展示一样东西——性器官，绝容不下第二样不符合此目的的题材来稍加遮掩、拖后腿或分散焦点。"[62]毫不遮掩、无所隐藏、任人观赏的"透明"是淫秽的。如今媒体上的照片或多或少都和色情沾边。正是因为讨喜，所以说它们缺乏刺点，缺乏符号强度。它们没有什么可以使人震动、受伤，最多就是博得个"赞"罢了。

在巴特看来，电影中的图像是没有刺点的。刺点和沉吟、思索密不可分："在电影银幕前，我无法随意地闭上眼睛，因为一睁眼，我看到的就不是原来的画面了……"[63]只有沉吟的、思索的注视才能看到刺点。与此相反，一帧接着一帧的画面会迫使观众"不断地贪看"。刺点则躲避着消费性质的、贪婪的、不加"思索"的目光。[64]它通常不会立即现身，而是要回味片刻，之后才显现出来："因此，尽管‘刺点’非常清晰，但有时却要等到照片已不在眼前，我再次想到它的时候才显现出来，也就不足为奇了。我回想一张照片时，比我眼看着一张照片时更容易出现‘刺点’……我现在才明白，‘刺点’或许很直接、很尖锐，但人们亦有可能在一定的潜伏期之后才发现它的踪迹（但这是你再怎么仔细研究也发现不了的）。”[65]“闭眼”之时，方有“音乐”。因此，巴特引用卡夫卡的话：“人们把事物拍摄下来，是为了将它们从头脑中赶走。我的那些故事是一种‘闭眼’。”[66]音乐只有与画面保持一段思索的距离时才能发声。相反，当眼睛和画面直接接触时，音乐便哑然了。透明是没有音乐的。此外，巴特还认为，照片必须是“安静的”。只有在“竭力保持安静”的情况下，照片的刺点才能显现。它是一处可以让人沉吟片刻的寂静之地。与此相反，人们不会在色情图片面前逗留。因其“被展示”之特性，它们刺耳又喧闹。它们也缺乏时间上的广度，没有给“回味”留下方寸之地。它们仅仅是为了即刻的刺激和满足。

研点是一个阅读的过程："我对很多照片感兴趣就是基于 *studium*，我接受这类照片，或者把它们当作政治事件的佐证，或者当作可供欣赏的优秀历史图片：因为，我正是从文化（*studium* 一词也有这层含义）的角度来欣赏这些形象、表情、姿态、样貌和行为的。"[67] 如果说文化是由独特的形象、表情、姿态、叙事和行为组成，那么如今的视觉色情化便是一个"去文化化"（Entkulturalisierung）的过程。那些色情的、去除了文化内涵的图片没有任何可读性。它们就像广告图片一样，透着直接性、触觉性和传染性。它们是"后解释学的"（posthermeneutisch）。它们不给你可以研究的距离。其作用方式不是阅读，而是传染和发泄。它们没有刺点，将自己放空为"奇观"（*spectaculum*）。色情社会也是一个奇观社会。

加速社会

根据萨特的说法，当身体只剩下肉体的真实性时，它就会变得淫秽。没有参照和方向、不在行动中（in Aktion）或情境中（in Situation）的身体是淫秽的。多余的、过量的身体运动也是淫秽的。萨特关于“淫秽”的理论也适用于社会体（Gesellschaftskörper）及其过程和运动。当它们被剥夺所有的叙事性、方向和意义时，它们就会变得淫秽。这种多余和过量表现为痴肥、大众化和恣意蔓生。它们的生长扩散没有目标、缺乏形态。其淫秽之处正在于此。盲目加速而迷失了目标的超活跃、超生产和超交际是淫秽的。这种超加速度（Hyperakzeleration）也是淫秽的，它无法再真正移动任何东西，也不会促成任何结果。毫无节制的超加速度超出了它的目标。这种为了自己而任意加速的纯粹的运动是淫秽的："与消失于'静止'相比，'运动'更多地消失于速度和加速——瓦解'运动'的是比它更具动态的东西，可以说是使运动失去方向、从而把运动推向极致的东西。"[68]

加法（Addition）比叙事（Narration）更为透明。只有加法的、非叙事的过程才能加速。完全透明的唯有信息处理器（Prozessor）的操作，因为它完全是以加法的形式进行的。与此相反，仪式和典礼是叙事性的过程，它们回避了加速。企图加快祭祀活动的流程便是犯了渎神罪。仪式和典礼有自己的固有时间（Eigenzeit）、韵律和节拍。透明社会废除了所有的仪式和典礼，因为它们无法标准化，阻碍了信息、交际和生产的高速循环。

与"计算"相反，"思考"不是自我透明的。思考不遵循预先计算好的路径，而是把自己暴露出来。

按照黑格尔的说法，否定性存在于思考之中，它使思考获得足以改变它的“经验”（Erfahrung）。与己不同的否定性是思考的根本。这就是它与计算的区别，计算总是保持自己一成不变。这种相似性为加速提供了可能的条件。否定性不仅是“经验”的特征，也是“洞见”（Erkenntnis）的特征。只需一个洞见便可以使存在物整体受到质疑并发生改变。信息缺乏否定性。同样，经验也会产生具有改变力的后果。在这方面，它不同于“经历”（Erlebnis），经历将早已存在的东西原封不动地保留下来。

叙事性的缺失将信息处理器和“队列”（Prozession）区分开来，后者是一个叙事性的事件。与信息处理器不同，队列具有很强的方向感。因此，它绝不会是淫秽的。“信息处理器”和“队列”都来源于拉丁语动词 *procedere*，意思是“向前走”。队列被套进叙事之中，被赋予一种叙事性的张力。队列用场景化的方式呈现出叙事的特别通道。场景设计是它的特色。正是因为其叙事性，这些队列才蕴含一种固有时间。因此，加速队列前进既无可能也无意义。叙事不是加法。与此相反，信息处理器的前进缺乏叙事性。它所做的事没有图像，也没有场景。与队列相反，它不讲述，它只计算。数字是赤裸的。同样来源于拉丁语动词 *procedere* 的“过程”（Prozess），也因为其功能性，而贫于叙事性。它与叙事性的流程有所不同，后者需要舞蹈编排和场景设计。相反，由功能决定的“过程”只是操控和管理的对象而已。社会变得淫秽，“当场景不复存在，当一切成为无情的透明”[69]。

朝圣之旅的最后一段通常会以队列的形式进行。严格意义上的“完结”只有可能在叙事中得以实现。“去叙事化”“去仪式化”世界里的结束只是让人痛苦和彷徨的中断而已。只有叙事框架中的结束才会圆满。若没有叙事性的表象，结束始终会是彻头彻尾的损失和缺憾。信息处理器对叙事一无所知，因此，它无法得出结论。朝圣之旅是一个叙事性事件。因此，朝圣之路不是一条需要尽快走过的通道，而是一条含义丰富的路径。“在路上”（Unterwegssein）被赋予了赎罪、解脱或感恩等内涵。因为这种叙事性，朝圣不能加速。此外，朝圣之路是通往“那里”的渡桥。从时间上来说，朝圣者是在通往未来的路上，未来有人们所希冀的幸福。从这个意义上来说，朝圣者不是游客。游客逗留在“当下”，在“这儿”，在“现在”。他并非真正意义上的“在路上”。他所走过的路途毫无意义，因为它们并不“值得观赏”（sehenswürdig）。游客对路途的丰富含义和叙事性一无所知。路途失去了所有叙事性的“讲述力”（Erzählkraft），变成了空空的通道。这种语义上的贫乏，空间和时间上缺失的叙事性，是淫秽的。以障碍或渡桥形式出现的否定性对于叙事张力来说至关重要。对“透明”的强制追求拆除了所有的边界和门槛。当空间被压扁、被抹平、被消除了内在，它就会变得透明。透明空间在语义上是贫乏的。意义唯有通过门槛和渡桥，也就是阻碍才能产生。孩提时代人们的首次空间经验也正是门槛经验。门槛和渡桥是秘密、未知、转变、死亡和恐惧之地，同时也是渴盼、希望和期待之地。它们的否定性构成了热情之拓扑学（Topologie der Passion）。

叙事是有选择性的。叙事的轨道很狭窄，只能容纳一些特定的事件。它正是通过这种方式阻止肯定之事物的滋长和大众化。当今社会肯定性泛滥，表明它已经丧失了叙事性。受到波及的还有我们的记忆。正是叙事性将其与纯粹加法的、积累的存储器区分开来。因其历史性，记忆痕迹会不断地被重新排列和重新记录。[70] 与记忆痕迹相反，存储的数据保持不变。如今，记忆正肯定化为一堆垃圾和数据——一家“旧货店”（Trödelladen），或一个“存储器，里面塞满了各式各样完全未经整理的、保存不善的图像和陈旧的符号”[71]。旧货店中的东西一件挨着一件，并未分层摆放。因此，它是没有历史的，既无法记忆也不能忘怀。

对“透明”的强制追求毁掉了事物的香气、时间的香气。“透明”没有香气。透明的交际不再能容纳难以定义的东西，这样的交际是淫秽的。直接的反应和发泄也是淫秽的。对于普鲁斯特来说，“即刻的享受”无法达成“美”。一件事物的美要在“很久以后才会”在另外一种光芒中以回忆的形式现相。美不是“奇观”周围那瞬间的闪耀，不是扑面而来的吸引力，而是静谧的晚霞、岁月的流光。美好事物的时间性并不在于事件或魅力的纷至沓来。美是一个寄宿生，一位姗姗来迟者。唯有耐心地等待，等待事物揭去面纱，绽放其芬芳馥郁的美丽光华，随着时间一层层地堆叠、沉淀，如千万萤火，熠熠生辉。“透明”却是黯淡无光的。

如今，我们的时代危机并非加速，而是时间性的散射和分解。时间上的不同步使时间毫无方向地盲目飞行，嗡嗡作响，并分裂成一系列点状的、原子般的“当下”。时间由此而变成加法，清空了所有的叙事性。原子没有香气。打个比方来说，叙事性的引力必须首先把原子结合成芳香分子。只有综合的、叙事的塑造物才能散发香气。因为加速本身并不代表真正的问题，所以解决的方法就不在于“减速”。减速本身产生不了节拍、韵律和香气。它无力阻止人们陷入空虚。

亲密社会

18世纪的世界是一个“世界剧场”（*theatrum mundi*）。公共空间就像一个舞台。场景距离阻断了身体和精神的直接接触。戏剧与触觉截然相反。人们通过仪式化的形式和符号进行交流，此举减轻了精神的负担。现代社会，人们为了追求“亲密”（Intimität），越来越放弃了这种戏剧距离。理查德·桑内特从中看出一种糟糕的苗头，它让人“无法扮演自身之外的形象，更无法对这些形象投入情感”[1] [72]。形式化、习俗化和仪式化并未将表现性排除在外。剧院是一个表达

1　译文引自理查德·桑内特：《公共人的衰落》，李继宏译，上海译文出版社，2014年，第49页。

的场所。但这些表达是客观的情感，而非精神内在的表现。因此，它们是被表演出来的，而不是被展示出来的。今日之世界不再是表演和解读行为及情感的剧场，而是一个展示、出售和消费亲密关系的市场。剧场是表演之所，而市场则是展示之地。如今，戏剧表演让位于色情展示。

桑内特假设“戏剧性和亲密性之间存在着一种特殊的敌对关系，而它与丰富的公共生活之间则存在着一种同样特殊但却友好的关系”[73]。亲密文化的形成伴随着客观公共世界（此世界并非内心感受和体验的对象）的衰落。根据该亲密思想，社会关系越贴近个人的心理需求，它就越真实可靠。“亲密”是“透明”的心理公式。人们相信，通过公开自己的内心感觉和情绪，通过曝光自己的灵魂，可以实现灵魂的透明。

社交媒体和个人化搜索引擎在网络上建立起一个消除了“外界”的、绝对的“近距离空间”，在这里人们只能遇见自己以及同类。有可能引起改变的否定性已不复存在。这种数字化的“毗邻”呈献给用户的只是世界的一小部分——用户喜欢的那部分。如此一来，它便摧毁了公共领域，事实上它摧毁了公众的批判意识，并导致世界的私有化。互联网变身为一个亲密领域，或者说一个舒适区。克服了一切“遥远”的“切近”也是透明的一种表达方式。

“亲密”的专制统治将一切心理化、个人化。即便是政治也无法逃脱它的掌控。因此，人们衡量政治家便不再以其行为为标准。普遍利益更多地关乎“个人”，这使得人群中间产生一种对“演出”的强制追求。公共领域的丧失留下了一片空白，亲密与隐私涌入其中。对个人的揭露取代了公共领域。在此过程当中，公共领域变成一个展示空间。它距离“共同行动空间”越来越远了。

拉丁语中，“人”（*persona*）的本义是“面具”。声音穿透面具，面具赋予声音一个角色，实际上，它赋予声音形态和轮廓。透明社会是一个揭露与曝光的社会，它反对所有形式的面具，反对表象。社会的“去仪式化”和“去叙事化”愈演愈烈，这也剥夺了社会的表象形式，使它变得赤裸。游戏和仪式的关键在于客观的规则，而非主观的心理状态。和他人一起做游戏者，必须遵从客观的游戏规则。游戏的社交属性并非以彼此的自我披露为基础。相反，当彼此保持距离时，人们会变得更善于交际，而亲密却破坏了距离。

亲密社会不信任仪式化的姿态和典礼式的行为，认为它们是表面的、不真实的。仪式是一种来自外化表达方式的行为，具有去个性化、去人格化和去心理化的特征。仪式的参与者“是富于表现力的”[74]，但却不必去展示自己、揭露自己。亲密社会则是一个心理化的、去仪式化的社会，其特征是招认、揭露以及色情的无距离感。

亲密关系消灭了客观的游戏空间，以便为主观的情感刺激让路。仪式性、典礼式的空间里流转着客观的符号。人们无法以自恋的方式占据这里。从某种程度上讲，该空间是空的、不在场的。自恋所表达的是对自己的无距离亲密性，即缺失的自我距离。亲密社会里充斥着自恋的亲密主体，他们丝毫没有能力打造场景距离。对此，桑内特曾写道："自恋者并不渴望得到经验，他想要去经历——亲自去经历面前的一切。因此，他鄙视一切互动和场景……"[75]根据桑内特的说法，自恋障碍日渐严重，"因为当今社会用心理学的方式管理其内在的表达过程，并削弱了超出单独自我界线的有意义的社会互动之重要性"。在仪式化的、典礼式的符号中，人们或许能逃离自我、失去自我，而亲密社会摒弃了这些符号。在经验中，人们遭遇他者，而在经历中，人们只能到处遭遇自己。自恋的主体无法界定自己。他的此在界线越来越模糊。稳定的自我形象也就无法形成。自恋的主体是如此地融入自己，以至于无法和自己游戏。已然抑郁的自恋者溺毙在与自己的无边亲密之中。没有任何的“空”和“不在场”能拉开自恋者与自身的距离。

信息社会

若仔细观察，柏拉图的“洞穴”[1]俨然就是个剧院。被囚禁于此的人们仿佛坐在剧院舞台前的观众。在他们及其背后的火光之间横亘着一条路，沿着路边筑有一道矮墙，其作用仿佛“傀儡戏演员在自己和观众之间设的一道屏障，他们把木偶举到屏障上头去表演”[2][76]。有人拿着各种器物、柱形立像及其他或石雕或木刻的塑像举过墙头，从矮墙后面走过，它们的影子投射在石壁上，囚徒们看得入了迷。手持器物及塑

1 “洞穴”是柏拉图在其著作《理想国》中使用的一个隐喻，意在说明达到真理的认识过程。

2 译文引自柏拉图:《理想国》，郭斌和、张竹明译，商务印书馆，1986年，第272页。

像者有的开口说话，有的则沉默不语。囚徒们无法转身，因此，他们便以为是影子自己在说话。柏拉图的“洞穴”恰似一种皮影戏剧场。在石壁上投影的物体并非世界上的实物，它们通通只是戏剧人物和道具而已。毕竟，真实事物的阴影和倒影只存在于洞穴之外。针对那位被强行带到洞外光明世界的囚徒，柏拉图说道：“因此我认为，要他能在洞穴外面的高处看得见东西，大概需要有一个逐渐习惯的过程。首先大概看阴影是最容易的，其次要数看人和其他东西在水中的倒影容易，再次是看东西本身。”[1] [77] 被绑在洞穴里的囚犯看到的并非真实世界的倒影。他们面前是上演了一出戏。即便是那火光也是人造光。囚徒们实际上是被场景、场景幻觉所束缚。他们全身心地沉浸在一场游戏、一段叙事中。他们把自己奉献给一出戏剧和一段叙事。柏拉图的洞穴寓言所展现的并非不同的认识

1　译文引自柏拉图：《理想国》，第 274 页。

方式（它通常被这样解读），而是不同的生活方式，即叙事的生活方式和认知的生活方式。柏拉图的洞穴是一个剧院。在洞穴寓言中，作为叙事世界而存在的剧院和认知世界相对立。

作为人造光线，洞穴里的火光创造了场景幻觉。它投射出表象。因此，它区别于作为真理之媒介的自然光。对于柏拉图来说，光有着极强的指向性。它从其源头——太阳那里倾泻而出。所有存在者皆朝向作为善念而存在的太阳。它形成一种“超越性”，甚至“超越了存在”。因此，它也被称为“神”。存在者将真理归因于这种超越性。柏拉图寓言中的太阳光能将事物等级化。它从认识层面划分等级：从单纯的映像世界，到感知世界，再到观念层面的理念世界。

柏拉图的“洞穴”是一个叙事世界。在那里，事物并不是互为因果地联结在一起，而是遵从剧本创作或场景安排，正是它们将事物或符号以叙事的方式彼此联结在一起。真理之光剥夺了世界的叙事属性。太阳摧毁了表象。“模仿”与“形变”的游戏让位于对真理的不懈追求。柏拉图谴责任何为谋求僵化的同一性而做出的哪怕一点点转变。他对“模仿”的批判正是针对表象和游戏的。柏拉图禁止任何场景化的表现，甚至拒绝让诗人进入他的真理之城：“那么，假定有人靠他一点聪明，能够模仿一切，扮什么像什么，光临我们的城邦，朗诵诗篇，大显身手，以为我们会向他拜倒致敬，称他是神圣的、了不起的、大受欢迎的人物了。与他愿望相反，我们会对他说，我们不能让这种人到我们城邦里来；法律不准许这样，这里没有他的地位。我们将在他头上涂以香油，饰以羊毛冠带，送他到别的城邦去……”[1][78] 无独有偶，透明社会也是一个没有诗人、没有诱惑和形变的社会。毕竟，正是诗人创造出场景幻觉、表象形式以及仪式性和典礼式的符号，并用人造物和反事实来对抗超真实的、赤裸

1 译文引自柏拉图：《理想国》，第 102 页。

裸的事实。

从古希腊罗马时期到中世纪再到启蒙时期，光的比喻始终是哲学及神学讨论的焦点，具有很强的参考性。光从源头倾泻而出。它为强制性、禁止性和承诺性的审查机构（譬如神或者理性）提供了媒介。因此，它孕育出一种具有极化效应的、会产生对立面的否定性。光和暗同宗同源。光与影密不可分。理性之光和非理性之暗（或者说纯感官之暗）互相成就。

与柏拉图的真理世界相反，如今的透明社会缺乏那种带有形而上学张力的神圣之光。“透明”没有超越性。透明社会即使无光也通透可见。它没有被任何来自超越之源的光所照亮。这种“透明”并非产生于照明性的光源。“透明”的媒介不是光，而是没有光的射线，它不是照亮一切，而是穿透一切，使一切变得通透可见。与光相反，射线是穿透性的、侵入式的。此外，它的作用是匀质化、平整化，而形而上学之光则产生等级和区分，从而创造出秩序和方向。

透明社会是信息社会。当信息缺乏否定性，那么它就是一种透明的现象。它是一种被肯定化、可操作化了的语言。海德格尔会称其为一种“集-置”的语言：“说话受到促逼，去响应任何一个方面的存在者的可订置性。如此这般被摆置的说话便成了信息。”[1] [79] 信息“摆置”（stellen）人类的语言。海德格尔是从“掌控”角度来构想“集-置”（Ge-Stell）这个词的。相应地，“摆置”的方式，譬如“订造”（Bestellen）、“伪造”（Verstellen）、“表象”（Vorstellen）或者“制造”（Herstellen）也是权力与统治的方式。“订造”将存在者摆置为“持存物”（Bestand）。“介绍”将其摆置为“对象”。然而，海德格尔的“集-置”恰恰未考虑到那些对当今社会来说极具代表性的“摆置”形式。“展示”（Aus-Stellen）或者“展览”（Zur-Schau-Stellen）的首要目的并非获得权力，而是关注。驱动它

1 译文参见海德格尔：《在通向语言的途中》，孙周兴译，商务印书馆，2016年，第264—265页。

们的并非战争，而是色情。权力与关注并不协调一致。有权力者，自然备受瞩目，再去追求关注便成了多余之举，而有了关注却不会自动产生权力。

海德格尔也曾单独从统治角度来考虑图像：“图像一词意指……这个习语中可以听出来的东西：我们对该事物了如指掌。……去了解某物意味着：把存在者本身如其所处情形那样摆置在自身面前，并且持久地在自身面前具有如此这般被摆置的存在者。”1 [80] 对于海德格尔来说，图像是一种媒介，人们通过它们来侵袭并捕获存在者。这一理论却解释不了如今的媒体图像，因为它们是无法代表存在者的“模拟物”。它们的目的不是将存在者“摆置在自身面前并持久地如此摆置在自身面前”。作为没有参照的模拟物，可以说它们过着自己的生活。它们也在权力和统治之外滋长。它们仿佛比“存在者”更富于存在感和生命力。

---

1 译文参见海德格尔:《林中路》，孙周兴译，上海译文出版社，2008 年，第 77—78 页。

与其说大量的多媒体信息和交际是“炉架”（Ge-Stell）[1]的话，还不如说是“炉料”（Ge-Menge）。[81]

透明社会不仅缺乏真理，也缺乏表象。无论真理还是表象都不是通透可见的。只有“空”才是完全透明的。为了消除这种“空”，人们让大量信息流转起来。大量的信息和图像固然有充盈之效，这充盈之中的“空”依然显而易见。单纯地依靠更多的信息和交际并不能照亮世界。通透可见性也并不能使人眼明心亮。大量的信息不会产生任何真相。信息被释放得越多，世界就越难以看清。超信息和超交际不会为黑暗带来光明。

---

1 Gestell 一词在冶金领域里恰好是“高炉座架”之意。

揭秘社会

从某种意义上来说，18 世纪与现代并非毫无相似性。它已经知道“揭秘”和“透明”的可悲之处。因此，在对卢梭的研究中，让·斯塔罗宾斯基（Jean Starobinski）写道：“在 1748 年，表象的欺骗性并不是什么新颖的主题。在剧院和教堂里，在小说和报纸上，虚假、习俗、伪善和面具受到了各种各样的谴责。在辩论用语和讽刺词汇中，没有比“揭秘”和“揭穿”出现得更频繁的了。[82] 让-雅克·卢梭（Jean-Jacques Rousseau）的“忏悔”是真理与招认时代初期的典型代表。《忏悔录》一开篇他就写道，他要把一个人的“真实面目”（toute la vérité de la nature）赤裸裸地揭露于世人面前。他“史无前例”的“事业”就是要毫不留情地揭露“内心”。卢梭向上帝保证：“当时我是什么样的人，我就写成什么样的人。……我的内心（mon intérieur）完全暴露出来了，和你亲自看到的完全一样。”[83] 他说他的心须得如水晶般通透可见（transparent comme le cristal）。[84] 水晶般的心是卢梭思想的一个基本隐喻：“他的心，透明得像水晶一样，无法隐藏里面发生的一切。它所感受到的每一种情绪都传递到他的眼睛和脸上。”[85] 卢梭呼吁“敞开心扉”，“通过这种方式，所有的情感、所有的思想都可以被分享；如此一来，每个人都可以向所有人展示自己：他感觉自己是什么样的，就展示什么样的自己”[86]。卢梭呼吁大家“用同样的方式”“揭露”自己的心。这便是卢梭的心之专制。

卢梭对“透明”的要求预告了一种范式转变。18世纪的世界仍然是一个剧院，里面充满了场景、面具和人物。时尚本身就是戏剧性的。街头服装和戏服没有本质区别，甚至连面具也变得流行起来。人们完全沉迷于舞台表演；他们把自己交给了场景幻觉。女人的发型（pouf）被塑造成描绘历史事件（pouf à la circonstance）或情感（pouf au sentiment）的场景。为了达到这个目的，人们还将瓷像织进头发。人们头上顶着一个完整的花园或一艘大帆船。男人和女人都用红色化妆品涂脸。脸本身就变成了一个舞台，在这个舞台上，人们借助于美容贴（mouche）来表现人物的性格特征。例如，贴在眼角，就代表激情。贴在下唇，则表示此人心直口快。就连身体也成为演出的场地。然而，这并不是对隐藏的“内在”（l’intérieur），或者说“内心”不加掩饰的表达。相反，这关乎用表象、用场景幻觉来游戏。身体是一个没有灵魂的布偶，需要去打扮、去装饰，去赋予符号和意义。

卢梭把他关于心和真理的论述与面具和角色的游戏对立起来。因此，他猛烈地抨击在日内瓦建剧院的计划。戏剧代表着一种“伪装的艺术，或接受另一种完全与自己相异的性格，或表现出与以往不同的自己，或在冷血中变得热血沸腾，或说出一些言不由衷的话，却自然到仿佛心里真是这样想的一般，最后终于因为移动到他人的位置而忘记了自己的立场”[87]。作为一个缺乏透明性的伪装之地、表象之地和诱惑之地，剧院被摒弃了。表达不可以是姿势，而必须是对透明之心的反映。

在卢梭那里人们已然可以观察到，完全透明的道德必然会转为暴政。透明的英雄之举是想要撕下面纱，把一切都照亮，驱走黑暗，这导致了暴力。柏拉图已经为其理想城市立法禁止戏剧和模仿，这赋予卢梭的透明社会极权主义色彩。卢梭更喜欢小城市，因为“个人始终在公众眼中，天生是彼此的审查者”，“警察可以很容易地监视每个人”[88]。卢梭的透明社会是一个完全控制和监督的社会。他对透明的呼吁逐步升级为绝对命令：“仅有一条道德戒律可以放之四海而皆准，那就是：永远不要做或说任何你不希望全世界看到和听到的事情。就我而言，我一直认为那位罗马人是最可敬的，他理想的房子是，无论里面发生什么，都能被看到。”[89]

卢梭对透明心灵的要求是道德上的命令。期盼透明房屋的罗马人遵循的也是道德上的准则，即“道德戒律”。如今，“有屋顶、墙壁、窗户和门的完美房子”已经被“材料和非材料电缆”所“穿透”。它倾颓成一个“废墟，裂隙中透着交际之风”[90]。交际与信息的数字化之风吹过透明社会，穿透一切，使一切变得通透可见。作为透明的媒介，数字化网络也不受道德命令的约束。它仿佛没有心，那种传统中充当真理的神学与形而上学媒介的心。数字化的透明不是心电图式的，而是色情的。此外，它还造就了经济上的全景监狱（Panoptikum）。它所追求的不是心灵的道德净化，而是利益和关注度的最大化。完全照明带来的是完全剥削。

监控社会

1978年，鲍德里亚在《实体的终结》(*Agonie des Realen*)中写道："我们正在经历透视空间和全景监狱的终结。"[91] 在陈述他的论点时，他提到了电视媒体："电视的眼睛不再是绝对注视的来源，'透明'也不再是监控的理想状态。想当年，在客观的空间(文艺复兴时期的空间)里，'透明'还曾是实现全能的专制注视之前提。"[92] 当然，鲍德里亚当时并不知道数字化网络为何物。今天，我们无奈地得出与这一诊断截然相反的结论：目前，我们并没有经历全景监狱的终结，而是一个全新的、非透视的全景监狱的开始。21世纪的数字化全景监狱是非透视性的，它已经不再从中心点出发、以全能的专制目光进行监视。作为边沁全景监狱理论的基础概念，中心和边缘之间的区别已经完全消失了。数字化的全景监狱无需任何透镜就能发挥作用。这就是它之所以高效的原因。非透视的穿透性照明比透视的监视更为有效，因为它意味着一个人可以随时随地、全方位地被任何一个人完全照明。

边沁的全景监狱是一种惩戒社会的现象，它是一个劳改场。监狱、工厂、精神病院、医院和学校都受到全景监控。这些是惩戒社会的典型机构。围绕在监控塔楼四周的牢房彼此孤立，如此一来，犯人们就不能彼此交流。牢房之间的隔墙是为了确保他们互相看不见。用边沁的话来说，孤独是为了更好的改造。监视者的目光可以到达牢房的每个角落，而犯人们却始终看不到监视者：“它的本质就在于监视者所处位置的中心性，再加上众所周知的最有效的办法：看着别人，却不被看见。”[93]借助先进的技术，人们产生一种长期被监视的幻觉。这里的“透明”是单向的。它的透视性建立起权力和统治的结构。与此相反，在非透视性中没有形成中心眼、中心主体性或主权。边沁式全景监狱中的犯人们知道监视者的始终存在，而数字化全景监狱中的居民却活在自由的幻想中。

如今的监控社会有一个独特的全景结构。与相互孤立的边沁式全景监狱里的犯人不同，监控社会的居民互相联网，彼此交流。为透明提供保障的不是孤单和独立，而是超交际。最重要的是，数字化全景监狱的特殊性首先在于，居民们通过自我展示和自己揭露，参与到它的建造和运营之中。他们在全景市场上展示自己。色情展示与全景监控相辅相成。暴露狂和窥淫癖为作为数字化全景监狱的网络提供食粮。当人们不是因为外部强迫，而是出于自发的需求去暴露自己之时，当对不得不放弃个人私密领域的恐惧让位于不知羞耻地展示自己的需求之时，监控社会便趋于完美了。

鉴于监视技术的不断进步，未来主义者大卫·布林（David Brin）已经冲到了最前沿，呼吁所有人监视所有人，即监视的民主化。他希望以此来达成一个“透明社会”。因此，他提出一个绝对命令：“我们能忍受生活在被监视之下吗？我们的秘密是公开的，如果作为回报，我们能得到我们自己的手电筒，我们能照耀任何人吗？……”[94]布林的“透明社会”乌托邦以无限制监视为基础。一切能产生权力关系和统治关系的不对称信息流都应被消除。布林所要求的是相互的完全照明。不仅“下面”被“上面”监视，“上面”也要被“下面”监视。每个人都应该把其他人交给可见性和监控，私人领域也是一样。这种全面监视将“透明社会”降级为一个野蛮的监控社会。每个人都控制着每个人。

透明和权力难以调和。权力喜欢把自己隐藏起来。“秘密实践”（Arkan-Praxis）是权力的技术之一。透明破除了权力的秘密领域。然而，彼此透明只能通过长期监视才能达成，这种监督日渐变得毫无节制。这就是监视社会的逻辑。除此之外，完全监控也破坏了行动自由，并最终导致强制一致。信任产生自由的行动空间，它不可能简单地被监控所取代：“人民必须相信并信任他们的统治者；他们的信任保障了统治者获得一定的行动自由，人民自己也无须不断地进行考核和监视。如果没有这种自主性，他便真的寸步难行了。”[95]

信任只在“知”与“不知”之间才有可能存在。信任意味着，在面对他者时，即使“不知”也要与对方建立一种肯定的关系。这能使人在欠缺“知”的情况下仍然可以有所行动。如果我事先就知晓一切，那么信任就成了多余的。透明是一种消除了所有“不知”的状态。在透明盛行之地，便没有信任存在的空间。其实，人们应该说“透明破坏信任”，而不是“透明创造信任”。恰恰于信任不在时，人们对“透明”的呼求声才愈发响亮。在以信任为基础的社会中，人们是不会执意要求透明的。透明社会是一个不信任的、怀疑的社会，由于信任日渐消失，社会便开始依赖监控。对透明的大声呼求恰恰表明，社会的道德基础已然脆弱不堪，真诚、正直等道德价值越来越失去其意义。作为一项新的社会命令，透明正在取代日渐式微的道德审查机构。

透明社会完全遵循效绩社会的逻辑。功能主体摆脱了会逼迫他工作、对他进行剥削的外部统治机构，他成为自己的主人和经营者。然而，统治机构的废除并未导致真正的自由和解放，因为功能主体开始自我剥削。剥削者同时也是被剥削者，作案人与受害者合二为一。自我剥削比外来剥削效率更高，因为它伴随着一种自由之感。功能主体听命于一种自由意志的、自我生成的约束。这种自由辩证法也是监控社会的基础。

边沁的全景监狱项目主要有着道德方面或者生命政治（Biopolitik）[1] 方面的动机。按照边沁的说法，全

1　有时也被直译为生物政治，是法国哲学家、政治思想家米歇尔·福柯思想体系中的重要概念之一。生命政治是一种维护人口生命安全和幸福的政治技术，其关注对象不是个体，而是人口，是监狱、学校、工厂、军营、医院，尤其是精神病院等机构对人的规制、训诫及治理。

景监控的第一个预期效果就是“改良道德”。[96] 此外，他还列出了其他一些预期效果：“保护健康”、“散播教诲”或者“解开，而不是割断济贫法的戈尔迪之结（gordian knot）[1]”[97]。然而，如今的强制透明首先是一道经济命令，而非明确的道德或生命政治命令。把自己照得通亮的人，完全奉献出自己，供人剥削。“彻底照亮”意味着“极尽剥削”。若一个人过度曝光，经济效率就能实现最大化。透明的用户是数字化全景监狱里的新型囚犯，是“神圣之人”（*Homo sacer*）[2]。

在透明社会中不可能形成真正意义上的“共同体”。这里只会偶然产生由彼此独立的个体，或者说由“自我”（Ego）组成的“人群”或“大众”，他们或是追逐着一种共同的兴趣爱好，或是一起围绕着一

1 出自古希腊传说，意指难以解决的问题。

2 拉丁语字面意思为“分别的人”，是古罗马法律中的一个刑法概念，指被驱逐出人类社会，不受法律保护，任何人都可以杀死他而不构成犯罪，但同时又被视为神圣的，不能用来作为人祭的祭品的人。

个品牌，即“品牌社群”（Brand communities）。这些“人群”与“集会”不同，“集会”是有可能共同开展政治行动，有可能成为“我们”的。“人群”却缺乏精神。[98]如“品牌社群”这样的“人群”构成的是一个没有任何内部密度的叠加式的群体。消费者心甘情愿地将自己交付给全景监视，让对方来操控并满足自己的需求。在这一点上，社交媒体与全景监狱并无太大区别。交际和商业合而为一，自由与控制不分彼此。向消费者开放生产关系意味着相互透明，而这种开放最终被证明为社会的极致剥削。社会被进行了可操作化处理，并被降级为生产过程中的一个功能要素。它的首要功能是优化生产关系。消费者所获得的表面上的自由不具备任何否定性。它们不会再构成有可能质疑系统内部的外在。

如今，整个地球正在发展成为一个全景监狱。没有所谓的“监狱之外”，整个地球都是监狱。没有围墙将里外分隔开来。把自己营造为自由空间的谷歌和社交网络，实则也是全景式的。如今的监视并不像人们通常所想的那样，以侵犯自由为目的。[99]与此相反，人们自愿地将自己交付给全景注视。他们通过自我暴露和自我展示，主动为数字化全景监狱添砖加瓦。这里的囚犯既是受害者，也是作案人。其中蕴含着自由的辩证法，原来自由即监控。

注　释

[1] Peter Handke, *Am Felsfenster morgens*, Salzburg 1998, S. 336.

[2] So lautet die Tagebuchnotiz von Ulrich Schacht vom 23. Juni 2011. Vgl. Ulrich Schacht, *Über Schnee und Geschichte*, Berlin 2012.

[3] Wilhelm von Humboldt, *Über die Verschiedenheit des menschlichen Sprachbaues und ihren Einfluß auf die geistige Entwicklung des Menschengeschlechts*, Berlin 1836, S. 64.

[4] Jean Baudrillard, *Die fatalen Strategien. Die Strategie der Täuschung*, München 1992, S. 29.

[5] Humboldt, *Über die Verschiedenheit des menschlichen Sprachbaues*, a.a.O., S. 65.

[6] Georg Simmel, *Soziologie. Untersuchungen über die Formen der Vergesellschaftung*, Gesamtausgabe, Bd. 11, Frankfurt a.M. 1992, S. 405.

[7] Richard Sennett, *Respekt im Zeitalter der Ungleichheit*, Berlin 2004, S. 151.

[8] Friedrich Nietzsche, *Nachgelassene Fragmente Frühjahr-Herbst 1884*, Kritische Gesamtausgabe VII.2, Berlin 1973, S. 226.

[9] 参见：Gerd Gigerenzer, *Bauchentscheidungen. Die Intelligenz des Unbewussten und die Macht der Intuition*, München 2007.

[10] Georg Wilhelm Friedrich Hegel, *Phänomenologie des Geistes*, Hamburg 1952, S. 30.

[11] Friedrich Nietzsche, *Jenseits von Gut und Böse*, Kritische Gesamtausgabe, VI.2, Berlin 1968, S. 167.

[12] Alain Badiou, *Lob der Liebe*, Wien 2011, S. 15.

[13] Baudrillard, *Die fatalen Strategien*, a.a.O., S. 219.

[14] Carl Schmitt, *Römischer Katholizismus und politische Form*, Stuttgart 2008, S. 48.

[15] Ebd., S. 47.

[16] Ebd., S. 58.

[17] Walter Benjamin, *Das Kunstwerk im Zeitalter seiner technischen Reproduzierbarkeit*, Frankfurt a.M. 1963, S. 21.

[18] Ebd., S. 23.

[19] Baudrillard, *Die fatalen Strategien*, a.a.O., S. 71.

[20] Roland Barthes, *Die helle Kammer. Bemerkung zur Photographie*, Frankfurt a.M. 1989, S. 104.

[21] Ebd., S. 93.

[22] Ebd., S. 93f.

[23] Baudrillard, *Die fatalen Strategien*, a.a.O., S. 71. 24 Ebd, S. 12.

[24] Ebd, S. 12.

[25] Heidegger, *Vorträge und Aufsätze*, Pfullingen 1954, S. 149.

[26] Baudrillard, *Die fatalen Strategien*, a.a.O., S. 71.

[27] Jean Baudrillard, *Transparenz des Bösen*, Berlin 1992, S. 64.

[28] Martin Heidegger, *Erläuterungen zu Hölderlins Dichtung*, Gesamtausgabe, Bd.3, Frankfurt a.M. 1981, S. 146.

[29] Heidegger, *Vorträge und Aufsätze*, a.a.O., S. 108.

[30] Eva Illouz, *Warum Liebe weh tut. Eine soziologische Erklärung*, Berlin 2011, S. 345f.

[31] Simmel, *Soziologie. Untersuchungen über die Formen der Vergesellschaftung*, a.a.O., S. 404.

[32] Ebd., S. 405.

[33] Giorgio Agamben, *Die kommende Gemeinschaft*, Berlin 2003, S. 51.

[34] Ebd., S. 53.

[35] Slavoj Žižek, *Metastasen des Begehrens. Sechs erotisch-politische Versuche*, Wien, 1996, S. 50.

[36] Jacques Lacan, *Seminar 7. Die Ethik der Psychoanalyse*, Weinheim/Berlin 1996, S. 183.

[37] Ebd., S. 166.

[38] Ebd., S. 171.

[39] Žižek, *Metastasen des Begehrens*, a.a.O., S. 51.

[40] Lacan, *Seminar 7*, a.a.O., S. 59.

[41] Michel Foucault, *Freiheit und Selbstsorge*, Interview 1984 und Vorlesung 1982, hrsg. von H. Becker u.a., Frankfurt a.M. 1985, S. 25f.

[42] Nietzsche, *Jenseits von Gut und Böse*, a.a.O., S. 54.

[43] Friedrich Nietzsche, *Nachgelassene Fragmente*, Juli 1882 bis

Winter 1883-1884, Kritische Gesamtausgabe, VII.1, Berlin 1977, S. 513.

[44] Augustinus, *Die Lüge und Gegen die Lüge*, Würzburg 1986, zitiert in Martin Andree, *Archäologie der Medienwirkung*, München 2005, S. 189.

[45] Walter Benjamin, *Goethes Wahlverwandtschaften*, Gesammelte Schriften, Bd. 1.1., S. 195.

[46] Ebd., S. 196.

[47] Giorgio Agamben, *Nacktheiten*, Frankfurt a.M. 2010, S. 97.

[48] Ebd., S. 98.

[49] Ebd., S. 148f.

[50] 参见 Ebd., S. 147："成为裸体之帮凶的面孔就这样望着客体，或者与注视者调情，完全显露出自己的秘密全无，除了展示自己之外，再也表达不出任何其他的东西，这副面孔沦为纯粹的展品了。"

[51] Ebd., S. 127.

[52] 参见海因里希·冯·克莱斯特（Heinrich von Kleist）《论木偶戏》："他做出的动作如此滑稽，以至于我忍不住大笑。从那天起，仿佛是从那一刻起，那个年轻人身上发生了一种不可思议的变化。他开始整天整天地照镜子。他的吸引力日渐消逝。仿佛有一种不可见且不可思议的力量，如同一张铁网一样，裹住了他身体姿态的自由游戏。一年后，年轻人身上那曾经给所有注视他的人以愉悦之感的优雅便无迹可寻了。"

[53] Agamben, *Nacktheiten*, a.a.O., S. 144.

[54] Giorgio Agamben, *Profanierungen*, Frankfurt a. M. 2005, S. 89.

[55] Roland Barthes, *Die Lust am Text*, Frankfurt a.M. 1982, S. 16f.

[56] Agamben, *Nacktheiten*, a.a.O., S. 148.

[57] Baudrillard, *Transparenz des Bösen*, a.a.O., S. 191.

[58] Barthes, *Die helle Kammer*, a.a.O., S. 36.

[59] Ebd., S. 51.

[60] Ebd., S. 60f.

[61] Ebd., S. 51.

[62] Ebd.

[63] Ebd., S. 65.

[64] Ebd., S. 66.

[65] Ebd., S. 62.

[66] Ebd., S. 65.

[67] Ebd., S. 35.

[68] Jean Baudrillard, *Die fatalen Strategien*, a.a.O., S. 12.

[69] Ebd., S. 81.

[70] 弗洛伊德在一封写给威廉·弗利斯的信中说："你知道的，我的研究是假设我们的心理机制产生于层层叠加的方式，我们时不时地把记忆痕迹中的现有材料根据新的关系结构重新排列、记录。我的理论中的全新观点就是，记忆不是一次而是多次且用不同的符号记录下来的。" (Sigmund Freud, *Briefe an Wilhelm Fließ. 1887—1904*, hrsg. von J.M. Masson, Frankfurt a. M. 1986, S. 173).

[71] Paul Virilio, *Information und Apokalypse. Die Strategie der Täuschung*, München 2000, S. 39.

[72] Richard Sennett, *Verfall und Ende des öffentlichen Lebens. Die*

Tyrannei der Intimität, Berlin 2008, S. 81.

[73] Ebd.

[74] Ebd., S. 467.

[75] Ebd., S. 563.

[76] Platon, *Politeia*, 514b.

[77] Ebd., 516a.

[78] Ebd., 398a.

[79] Martin Heidegger, *Unterwegs zur Sprache*, Stuttgart 2007, S. 263.

[80] Martin Heidegger, *Holzwege*, Frankfurt a.M. 2003, S. 89.

[81] 虚拟世界缺乏实物的对抗性和他者的否定性。海德格尔会再度呼唤"大地"(Erde) 一词来反对虚拟世界里失重的肯定性。它意味着"隐藏者"、"不可展开者"和"自行锁闭者":"大地让任何对它的穿透在它本身那里破灭了。……只有当大地作为本质上不可展开的东西被保持和保护之际——大地退遁于任何展开状态,亦即保持永远的锁闭——大地才敞开地澄亮了,才作为大地本身显现出来。……大地是本质上自行锁闭者。"(*Holzwege*, Frankfurt a.M. 2003, S. 33. 译文参见海德格尔:《林中路》,孙周兴译,上海译文出版社,2008 年,第 28—29 页。)"陌生之物"也被刻写在"天空"(Himmel)之中:"揭开天空的遮蔽,陌生的神作为陌生者显现。"(*Vorträge und Aufsätze*, a.a.O., S. 197.) 作为"被揭示之物",海德格尔的"真相"也同样被嵌入"隐藏"之中。人们从"隐藏"处"夺走""被揭示之物"。(*Wegmarken*, Gesamtausgabe Bd. 9, Frankfurt a.M. 1976, S. 223.) 一道"裂隙"穿过真理。对海德格尔来说,'裂隙'的否定性即为'疼痛'。肯定社会回避'疼

痛”。作为被揭示之物，真理既非毫无否定性的光，也非透明的射线。它更多依靠“隐藏”来滋养。它是被森林环绕的“林中空地”。这一点将“真理”与缺乏否定性的“证据”和“透明”区分开来。

[82] Jean Starobinski, *Rousseau. Eine Welt von Widerständen*, München 1988, S. 12.

[83] Jean-Jacques Rousseau, *Bekenntnisse*, München 1978, S. 9.

[84] Ebd., S. 440.

[85] Jean-Jacques Rousseau, *Rousseau richtet über Jean-Jacques*, Gespräche, Schriften in zwei Bänden, hrsg. von H. Ritter, München 1978, Bd. 2, S. 253-636, hier: S. 484.

[86] Jean-Jacques Rousseau, *Julie oder die neue Heloïse*, München 1978, S. 724f.

[87] Jean-Jacques Rousseau, *Brief an Herrn d'Alembert*, Über seinen Artikel »Genf« im VII. Band der Enzyklopädie und insbesondere über den Plan, ein Schauspielhaus in dieser Stadt zu errichten, in: Jean-Jacques Rousseau, Schriften, a.a.O., Bd. 1, S. 333-474, hier: S. 414.

[88] Ebd., S. 393.

[89] Rousseau, *Julie oder die neue Heloïse*, a.a.O., S. 444. 卢梭构想出一种自然状态，一种人们能够认清彼此的自然状态：“以前，艺术还没有来塑造我们的外形特征，也还没有逼迫我们用矫揉造作的语言来表达喜爱之情，那时，我们的风度仪容虽乡里乡气，却也自自然然，一眼望上去，言行举止的不同便能透露出性格的不同。人类的天性其实并不比其他生灵要

好，但是当他们能轻易地认清彼此，他们便会获得安全感，这使他们改掉了很多恶习。然而，我们现在却意识不到此事的价值了。”(*Abhandlung über die Wissenschaften und Künste*, Schriften a.a.O., Bd. 1, S. 27-60, hier: S. 35.)

[90] Vilém Flusser, *Medienkultur*, Frankfurt a.M. 1997, S. 162.

[91] Baudrillard, *Agonie des Realen*, a.a.O., S. 48.

[92] Ebd. S. 47.

[93] Jeremy Bentham, *Panopticon*, Letter V.

[94] David Brin, *The Transparent Society, Reading*, Mass. 1998, S. 14.

[95] Sennett, *Respekt im Zeitalter der Ungleichheit*, a.a.O., S. 152.

[96] Bentham, *Panopticon*, Preface.

[97] Ebd.

[98] 参见黑格尔《精神现象学》，第 140 页：“由此，我们就有了精神的概念。……我即是我们，而我们，即是我。”

[99] 这同时也是尤丽・策（Juli Zeh）和伊利亚・托亚诺夫（Ilija Trojanow）合著的一本书的书名——《侵犯自由：安全的妄想、监视的国度以及公民权利的消除》。